어린이 제자훈련(저학년용) ★ **인도자 지침서 2**

기도학교

국제제자훈련원은 건강한 교회를 꿈꾸는 목회의 동반자로서 제자 삼는 사역을 중심으로
성경적 목회 모델을 제시함으로 세계 교회를 섬기는 전문 사역 기관입니다.

어린이 제자훈련 **고학년용 2 – 인도자 지침서**

기도학교

초판 1쇄 발행 2009년 1월 30일
초판 6쇄 발행 2024년 2월 20일

지은이 사랑의교회 어린이 주일학교

펴낸이 오정현
펴낸곳 국제제자훈련원
등록번호 제2013–000170호(2013년 9월 25일)
주소 서울시 서초구 효령로68길 98(서초동)
전화 02–3489–4300   **팩스** 02–3489–4329
이메일 dmipress@sarang.org

ISBN 978-89-5731-338-1 03230

"어.매.매.기.어."를 시작하면서…

예수님께서 한 어린아이를 불러 세우시고 말씀하셨습니다. "진실로 너희에게 이르노니 너희가 어린아이들과 같이 되지 아니하면 결코 천국에 들어가지 못하리라." 그럼 우리가 모두 어린아이처럼 엄마에게 떼 쓰고, 장난 치며, 욕심 부리고 살면 천국에 가는 것일까요? 아닙니다. 예수님은 자신이 원하는 어린아이의 특징을 곧바로 이렇게 말씀하셨습니다. "누구든지 이 어린아이와 같이 자기를 낮추는 사람이 천국에서 큰 사람이다." 즉 어린아이처럼 낮고, 겸손한 마음으로 우리의 부모 되시는 하나님만을 철저하게 의지하라는 것입니다. 어린아이는 부모 없이 하루도 살 수 없습니다. 마찬가지로 우리도 하나님 없이는 하루도 살지 못합니다. 그런데 그것을 깨닫고 사는 어른과 어린이가 별로 없는 것 같습니다.

그렇다면 항상 하나님만 의지하며 사는 어린아이가 되려면 어떻게 해야 할까요? 부모님의 목소리를 매일 들어야 합니다. 어린아이가 부모님의 목소리를 듣고, 자신의 먹을 것과 입을 것을 공급받듯이 우리는 하나님 아버지의 말씀을 매일 듣고, 묵상하고, 실천해야 합니다. 또 어린아이가 부모님께 무엇을 요구해야 받아 살 수 있듯이 우리가 하나님 아버지께 기도로 나아가 고백하며, 응답을 받아야 합니다.

　그래서 사랑의교회 어린이 제자훈련(저학년용) 1은 어린아이처럼 하나님의 말씀을 듣고 반응하는 『말씀학교』로 진행됩니다. 또한, 2는 말씀을 듣고 하나님께 고백하는 『기도학교』로 진행됩니다. 즉, 주일학교 어린이가 경건 생활을 잘할 수 있게 할 것입니다. 그래서 주님이 원하시는 어린아이로 천국을 소유하는 작은 제자가 되어 주변의 친구들에게도 천국을 소개하며 말씀을 전하고 지켜서 항상 예수님이 함께하는 자로서 살게 할 것입니다.

　어.매.매.기.어를 날마다 외치는 어린이들이 됩시다.

어	어린이가
매	매일 성경 보고
매	매일
기	기도하는
어	어린이

어린이 제자훈련(저학년용) 2
작은 제자학교 ——
어. 매. 매. 기. 어.

1 어린이 제자훈련 작은 제자학교(어.매.매.기.어.)는 교회에서 가르쳐 준 것만으로 되지 않습니다. 작은 제자학교(어.매.매.기.어.)는 여러분이 일주일 동안 준비한 성경 말씀과 기도로 진행됩니다. 그래서 예습과 복습, 생활 과제를 부모님과 함께 실천하는 것이 중요합니다. 매일 시간을 정해 부모님과 함께 큐티(유년부 공과)를 해야 합니다.

★ 매주 제자훈련 시간에 큐티 점검 시간이 있습니다.
　 날마다 큐티를 하도록 온 힘을 다해야 합니다.

2 작은 제자학교(어.매.매.기.어.)는 지각과 결석을 용납하지 않습니다. 예수님의 작은 제자가 된다는 것은 내 생활의 중심이 예수님으로 바뀐다는 것입니다. 부모님께 꼭 말씀드려서 매주 제자훈련 장소에 도착해야 합니다. 지각을 자주 하면 감점당할 수 있습니다. 또한, 결석을 2번 하면 제자훈련을 모두 마쳐도 수료가 되지 않습니다. 절대로 지각, 결석하지 않도록 부모님과 함께 온 힘을 기울여 주세요.

3 작은 제자학교(어.매.매.기.어.)를 열심히 하면 사탄이 싫어하고, 방해를 합니다. 그래서 자신을 위해 스스로 기도하고, 다른 사람에게 기도를 부탁해야 됩니다. 먼저 부모님께 자신이 제자훈련 잘 받을 수 있도록 기도해 달라고 부탁하세요. 그리고 주변의 어른분께도 어린이 제자훈련을 잘 받아

서 멋진 예수님의 작은 제자가 되게 해달라고 기도를 부탁하세요. 기도 속에서 여러분은 예수님이 기뻐하시는 멋진 작은 제자가 될 것입니다.

4 작은 제자학교(어.매.매.기.어.) 2는 『기도학교』입니다. 그래서 매주마다 기도회 때 열심히 기도하고, 열심히 찬양해야 집에 갈 수 있어요.

5 평가 사항

1) 큐티 설교 말씀 8점 : 큐티는 5일 분량을 하는 것으로 하루 안 할 때 1점씩 감점하며, 설교 말씀을 실천할 때 3점을 줍니다.

2) 태도 3점 : 제자훈련 할 때 태도가 좋으면 3점을 줍니다.

3) 요절암송 6점 : 한 개에 3점씩 점수를 주며, 마칠 때 요절을 외워야만 집에 갈 수 있습니다.

4) 생활적용 과제 10점 : 가장 높은 점수로 반드시 해야 하고, 강조해야 할 과제이며, 분반시간이나 전체 모임 때 발표하도록 합니다.

5) 출석 3점 : 출석하면 3점을 줍니다.

이러한 점수는 일정 점수(예: 30점)가 되면 배지 혹은 선물을 중간 중간에 주게 되며, 칭찬과 격려를 통해 제자훈련에 최선을 다하도록 진행할 것입니다.

6 작은 제자학교(어.매.매.기.어.) 교재는 다음과 같이 구성되어 있어요.

1) 성경이야기 : 과마다 배우는 내용을, 어린이 눈높이에 맞춘 이야기를 통해 어떻게 해야 하는지, 질문을 통해 살펴보게 되어 있으며 실천사항을 살펴봅니다.

2) 배운 것을 점검해요 : 배운 성경 말씀의 핵심내용을 정리하고, "어.매.매.기.어." 라는 구호를 통해 예수님의 작은 제자로서 다짐할 것입니다.

3) 특별활동 : 1·2학년 어린이에게 맞는 만들기와 꾸미기, 어린이 활동실습, 그리기를 통해 배운 내용을 온몸으로 익히도록 할 것입니다.

4) 생활 속에서 실천해요 : 배운 내용을 주중 생활 속에 부모님과 함께 실천하는 것입니다. 작은 제자학교(어.매.매.기.어.)의 과제 숙제 중 가장 높은 점수에 해당합니다.

1 제자훈련의 성패는 교재에 있는 것이 아니라, 제자훈련을 담당하는 교사에게 달려 있습니다. 특히 귀납적인 접근법을 사용하는 이 교재는 그 구성이 단조롭습니다. 때문에 가르치는 교사가 누구냐에 따라 모든 것이 결정된다고 해도 과언이 아닙니다. 교사의 인격, 영성, 기술이 제자훈련의 수준과 질을 결정합니다.

2 각 질문에 교사가 참고할 수 있는 답을 가능한 한 기록해 놓았습니다. 하지만 교사의 재량으로 더 쉽고, 이해하기 쉬운 추가 질문을 해도 좋으며, 전체적인 논리구조를 이해하여 목표를 이룰 수 있도록 연구해야 합니다.

3 제자훈련은 과학이 아니라 예술입니다. 영혼을 다루는 문제이기 때문입니다. 따라서 이 인도자 지침서를 단순한 해답집으로 생각해서는 안 됩니다. 중요한 것은 교사가 먼저 이것을 자신의 것으로 받아들여 실천하고, 학생들이 따라서 실천하도록 하는 것이 중요합니다. 기독교 교육의 핵심인 "나를 본받으라"라고 교사가 먼저 말할 수 있도록 말씀과 기도생활에 열심을 내는 제자가 되기 바랍니다.

4 각 순서에 대한 지침
매 과를 시작하기 전 지난 주 과제물 중에서 생활과제를 어떻게 실천했는지 확인하고 다른 친구들과 나누는 시간을 가집니다.

1) 목표 : 매 과에 주어진 목표를 충분히 숙지하고 이루기 위해 최선을 다해야 합니다.

2) 요절 말씀 2가지 : 요절 말씀은 반드시 외워야 합니다. 교사가 먼저 외우고, 아이들이 외우도록 하며, 못 외운 아이들은 훈련시간 중간이나 끝나고 외우도록 해서 집

에 가기 전까지는 반드시 암기하도록 지도합니다.

3) 매 과를 시작하기 전 예배 때 주제 제기와 같은 시간을 가집니다. 재미있는 상황이나 과제를 통해 자기 진단을 하게 합니다. 그런 후 하단에 있는 질문을 통해 주제에 접근합니다.

4) 성경 속으로 들어가 보아요(1번) : 주제와 관련된 성경을 이야기로 풀어내어 주제를 이해하고 기억하게 합니다. 교역자 강의 후 다시 이야기를 살피면서 중요한 것은 성경 속에서 무엇이라고 말하는지 살펴보아야 합니다.

5) 2번부터는 위의 성경 이야기를 중심으로 한 질문입니다. 주제에 대한 관찰, 해석, 느낌, 적용으로 이어집니다.

● 내용관찰 요소

① 사실의 진술 ② 객관적인 상황 ③ 주요 핵심과 인물들의 상황을 살핍니다.

● 연구와 묵상 요소

① 전후 단락을 살핌으로 본문 이해 ② 중심인물의 내면을 살피며 자신의 느낌에 접근 ③ 중심 주제를 살피며 다른 성경의 예문도 함께 살펴봅니다.

● 느낌

① 내 마음속의 반성이나 기쁨 등의 감정 표현 ② 내가 생각한 하나님 중심의 생각들 ③ 자기 자신의 깨달음 등입니다.

● 적용

① 말씀으로 인한 회개와 감사-구체적인 변화의 모습을 적음 ② 구체적인 실천사항을 고백하고 실천하게 합니다. 여기의 질문이 가장 중요하며, 가장 많은 시간을 할애해야 합니다.

5 배운 것을 정리해요 : 1~2학년은 저학년으로서 아이들로 하여금 배운 주제를 간략하게 핵심을 정리하게 하고, 어.매.매.기.어. 를 외치며 다짐하도록 합니다.

6 생활 속에서 실천해요 : 배운 내용을 주중 생활 가운데 실천하게 하는 것으로 가장 중요한 제자훈련 과제이며 활동입니다. 부모님과 함께할 수 있도록 전화심방을 통해 확인해 주세요.

7 특별활동 : 아이들이 주제에 접근한 후, 활동적인 실습을 통해 배운 내용을 기억하고 적용하는 것을 돕는 과정입니다.

8 요절을 외워요 : 다시 한 번 요절을 외우며, 빈칸을 채웁니다. 집에 가기 전에 반드시 요절을 외우게 합니다.

(1) 질문

- 학생들에게 골고루 질문을 던졌는가? ______________
- 교사가 먼저 질문을 충분히 이해했는가? ______________
- 닫힌 질문과 열린 질문을 적절하고 균형 있게 사용했는가? ______________

(2) 마음과 삶 열기

- 태도와 내용 면에서 교사가 자신을 충분히 열었는가? ______________
- 학생들이 자신의 삶을 열면서 변화될 수 있게 했는가? ______________

(3) 격려   학생들이 자신을 열었을 때 칭찬과 격려를 잘했는가? ______________

(4) 시간관리

질문, 요절 암송, 특별활동 등 시간활용을 잘했는가? ______________

(5) 성령 안에서의 민감성

기도로 준비하며, 훈련 중에 성령님의 도우심을 구했는가? ______________

(6) 발견과 적용

학생들이 주제에 대한 성경의 진리를 제대로 깨닫고, 삶의 결단과 적용을 잘하게 했는가? ______________

(7) 학생들에 대한 이해

학생들이 가지고 있는 문제와 그에 따른 기도제목이 무엇인지 살폈는가? 주중 전화심방을 1번 이상 했는가? ______________

어린이 제자훈련 : 하. 다. 니. 작은 제자학교

하.다.니. 공동체 (JOY Community) : **하.** 하나님 먼저 **J**esus first

다. 다른 사람 두 번째 **O**thers second

니. 니는 세 번째야 **Y**ou are third

"예수님을 닮아 가는 작은 제자가 되게 하. 다. 니."

"네 마음을 다하고 목숨을 다하고 뜻을 다하고 힘
을 다하여 주 너의 하나님을 사랑하고, 네 이웃을
네 자신과 같이 사랑하라" 마가복음 12장 30-31절

◉ 어린이들이 생활 속에서 하나님이신 예수님을 먼저 생각하고, 다른 사람을 두 번째로 생각하고, 자신을 세 번째로 생각하며, 참된 기쁨과 행복을 누리는 공동체를 만드는 것이 어린이 제자훈련 전체 목표입니다. 이런 목표를 이루기 위해서는.

첫째, 어린이들이 예수님을 먼저 생각하도록 하기 위해 설교 말씀과 큐티 말씀을 생활 속에 실천하도록 가르치며, 기도생활을 통해 삶 속에서 하나님을 만나게 할 것입니다.

둘째, 어린이들이 하나님과의 만남을 통해 다른 사람을 섬기고, 전도할 수 있도록 가르치고, 활동하며 선생님들이 먼저 모범이 되도록 온 힘을 다할 것입니다.

셋째, 어린이들 스스로 하나님과의 만남을 통해 자신이 하나님의 형상을 입은 소중한 존재임을 깨닫게 하며, 자신감을 가질 수 있도록 지도하며 활동할 것입니다.

저도 기도할래요

· 목표 ·

기도에 자신 없는 어린이가 기도란 무엇인지, 기도는 어떻게 해야 하는지를 배워서 늘 기도할 수 있는 어린이가 되어요.

· 요절 말씀 ·

"쉬지 말고 기도하라… 이것이 그리스도 예수 안에서 너희를 향하신 하나님의 뜻이니라." ● 데살로니가전서 5장 17–18절

How are you ?　　　　　　　　　　　어머니

오늘 우리 집에
같이 가서 놀래?　　　　　　　　　　선생님

4-2+8-3=?
답을 알고 있는 학생은?　　　　　　　외국인

오직 믿음으로 내게 구하라.　　　　　친구

동생 잘 보고, 네 방을
청소해야 한다. 알았지?　　　　　　하나님

질문 기도는 누구와 하는 건가요?

기도는 하나님께 말하는 거예요. 성경 말씀을 통해 하나님의 음성을 듣고, 하나님께 말하는 것이 기도예요. 그럼 어떻게 기도해야 할까요? 이제부터 기도하는 방법을 배워 봅시다.

1. 우리 친구들은 오늘 하루 있었던 일들을 아빠의 품에 안겨 이야기해 본 적이 있나요? 기도는 누구에게 하는 걸까요? 빌립보서 4장 6절을 읽고 적어 보세요.

기도의 대상이 하나님이심을 확실히 알게 하며, 하나님께 편안하게 말할 수 있는 것과 같은 기도의 방법이 있다고 알려 주세요.

2. 기도는 어떻게 하는 걸까요? 기도할 때 들어가야 하는 내용을 순서대로 살펴봅시다.

   1) 기도의 첫 번째 내용은 무엇일까요? 예수님은 하나님께 기도할 때 맨 처음 어떻게 기도하셨을까요? 마태복음 6장 9절을 읽고 적어 보세요.

하늘에 계신 우리 아버지여~
우리가 기도할 때는 맨 먼저 하나님 아버지를 먼저 불러야 해요.

   2) 기도의 두 번째 내용은 무엇일까요? 데살로니가전서 5장 18절을 찾아서 적어 보세요.

 **대답** "범사에 감사하라."

우리는 우리에게 생명 주시고, 풍성한 생활을 하게 하시는
하나님께 항상 감사하다고 고백해야 돼요.
★ "범사에"라는 말은 "항상"이라는 뜻이에요.

질문) 최근에 여러분은 어떤 감사의 제목들이 있었나요?

 **대답** 선생님부터 최근 감사의 내용을 고백해 주세요.
★ 감사하는 사람에게 하나님은 더 좋은 것을 주셔요.

➡ 감사는 하나님의 마음을 깨달아 헤아리는 마음이에요. 감사가 없는 기도
는 하나님으로부터 주어진 선물을 우리가 잊어버린 것임을 알려 주세요.

감사는 우리를 사랑하시는 하나님의 마음을 깨달아
고맙게 여기는 마음이에요.
감사가 없는 기도는 하나님께서 우리에게
선물을 주셨는데도 선물을 주신 하나님을 잊고
당연하게 받는 마음과 같아요.

3) 기도의 세 번째 내용은 무엇일까요? 요한일서 1장 9절을 찾아서 적어 보
   세요.

 요한일서 1장 9절: "만일 우리가 우리 죄를 자백하면 그는 미쁘시
고 의로우사 우리 죄를 사하시며 우리를 모든 불의에서 깨끗하게
하실 것이요"

질문1) 세 번째 기도의 내용은 무엇인가요?

대답 회개

질문2) 최근에 하나님께 회개할 내용이 있다면, 어떤 것인가요?

❍ 선생님부터 최근에 회개한 내용을 고백합니다.

질문3) 하나님께 무엇을 구하기 전에 왜 회개를 먼저 해야 할까요? 만약 우리
친구들이 밖에서 놀다가 지저분한 몸으로 씻지도 않고 아빠에게 간식
을 달라고 하면 아빠는 뭐라고 하실까요?

대답 "애야, 네가 목욕탕에서 깨끗하게 목욕하고, 옷을 갈아입으면 네
가 사 달라고 하는 간식을 아빠가 사 줄게" 하겠지요. 똑같이 하나
님께 우리가 무엇을 구할 때 먼저 회개해야 돼요. 그래야 하나님
께서 여러분의 기도를 들어 주신답니다.

4) 기도의 네 번째 내용은 무엇일까요? 예수님께서 어떻게 말씀하셨는지
   마태복음 7장 7절을 찾아서 적어 보세요.

대답 마태복음 7장 7절: "구하라 그리하면 너희에게 주실 것이요 찾으라 그리하면 찾아낼 것이요 문을 두드리라 그리하면 너희에게 열릴 것이니"

질문1) 지금 하나님께 구하고 싶은 것이 있나요?

질문2) 하나님은 열심히 구하는 자에게 어떻게 응답하실까요?
마태복음 7장 8절을 읽고 대답해 보세요.

대답 "구하는 이마다 받을 것이요 찾는 이는 찾아낼 것이요 두드리는 이에게는 열릴 것이니라."
이런 약속의 말씀을 붙들고 구하는 것이 중요하다는 것을 알려 주세요.

5) 기도의 마지막 다섯 번째 내용은 무엇인가요? 요한복음 14장 13절을 읽고 적어 보세요.

대답 "너희가 내 이름으로 무엇을 구하든지 내가 행하리니…"

질문1) 여기서 내 이름은 누구의 이름을 말하나요?

대답 예수님

 **대답** 기도가 응답되었을 때 예수님이 영광을 받게 하려고.

3. 이제 여러분이 지금까지 배운 대로 기도해 보세요. 여기에 짧은 기도문이 있어요. 지금까지 배운 순서대로 기도해 보세요.

1) 잠자리에 들 때 : 사랑하는 하나님, 이제 잠을 자려고 해요. 아침에 다시 만나요. 예수님의 이름으로 기도 드립니다.

▶▶▶ 내가 드린 기도

2) 식사 시간에 : 맛있는 음식을 주셔서 감사해요. 이 음식을 먹고, 튼튼하게 자라게 해주세요. 예수님의 이름으로 기도 드립니다.

▶▶▶ 내가 드린 기도

3) 친구와 싸웠을 때 : 오늘 ○○랑 싸움을 했어요. 사이 좋게 지내고 싶었지만 ○○가 자꾸만 약을 올려서 싸

움을 했어요. 이제는 싸우지 않는 착한 어린이가 될래요.
예수님의 이름으로 기도 드립니다.

▶▶▶ 내가 드린 기도

4) 친구의 병이 낫기를 바랄 때 : 병을 고치시는 하나님, 내 친구 ○○○가
감기에 걸려서 교회에 나오지 못했어요. 예수님께서 내 친구 ○○○를
낫게 해주세요. 예수님의 이름으로 기도 드립니다.

▶▶▶ 내가 드린 기도

5) 나를 위한 기도: 하나님, 저를 이 세상에 태어나게 해 주셔서 감사해요.
언제나 저와 함께 해 주시는 하나님께 정말 감사 드려요. 예수님의 이름
으로 기도 드립니다.

▶▶▶ 내가 드린 기도

● 배운 것을 정리해요.

여러분, 기도는 어떻게 해야 한다고 했나요? 다시 한 번 다섯 손가락으로 정리해 보고, 기도 손을 만들어 어떻게 기도해야 하는지 꼭 기억하기 바랍니다.

첫 번째 손가락 우리가 기도할 때 맨 먼저 하나님 아버지를 불러야 해요(마태복음 6:9).

두 번째 손가락 하나님을 부르고 나서 하나님께 감사의 고백을 해야 해요(데살로나가전서 5:18).

세 번째 손가락 그 다음은 우리의 죄를 고백해야 해요. 그래야 하나님께서 우리의 기도를 들어 주셔요(요한일서 1:9).

네 번째 손가락 이제 여러분이 바라는 것을 구하면 돼요(마태복음 7:7).

다섯 번째 손가락 마지막으로 기도해서 응답을 받았으면 하나님께 영광 돌리기 위해 예수님의 이름으로 기도해야 해요(요한복음 14:13).

어 어린이가
매 매일 성경 보고
매 매일 작은 제자로
기 기도하고, 또 기도하는
어 어린이

이번 주에 여러 가지 상황에 맞는 기도를 실제로 해 보고, 기도문을 작성해 오세요.

기도 상황	기도문 작성	부모님 확인
예) 친구를 전도할 때	하나님 아버지! 저는 예수님을 제일 좋아해요. 예수님은 어린이를 사랑하시고, 좋아하시잖아요. 그런데 내 친구 ○○○는 예수님을 몰라요. 제가 예수님을 믿으라고 전도하고 싶어요. 예수님 도와주세요. 예수님의 이름으로 기도드립니다.	
1. 공부가 잘 안 될 때		
2. 좋은 일이 생겼을 때		
3. 힘든 일이 생겼을 때		

4. 부모님을 위해
   기도할 때

5. 친구와 다투었을 때

특별활동

기도 손 액자 만들기
준비물: 손 모양의 그림. 우드락, 끈, 풀, 필기구

| 만드는 방법 |

❶ 손 모양의 그림에 있는 각각의 손가락 위에 기도하는 방법을 적는다.

❷ 예쁘게 적은 기도 손을 우드락에 붙인다.(선생님이 우드락에 미리 끈을 붙여 액자처럼 만들어 나누어 줍니다.)

❸ 예쁘게 만들어 기도 손 액자를 책상 앞에 걸고 매일매일 기도할 때 본다.

바르게 기도할래요

· 목표 ·

기도의 모범은 예수님이 하신 기도예요. 예수님이 알려 주신 주기도문으로 바르게 기도하는 어린이가 되어요.

· 요절 말씀 ·

"(예수께서) 기도하여 이르시되 내 아버지여 만일 할 만하시거든 이 잔을 내게서 지나가게 하옵소서 그러나 나의 원대로 마시옵고 아버지의 원대로 하옵소서 하시고." ● 마태복음 26장 39절

① 저는 할아버지처럼 이렇게 기도해요. "거룩하시고 자비로우시며 무소부재하시고 전지전능하신 만군의 주 여호와 하나님 아버지, 이 시간에 불초 소생에게 은혜를 베푸시고, 이 죄인을 불쌍히 여기소서."

★ 나 같은 어린이도 이렇게 기도해야 하나요?

➡ 너무나 어렵게 하는 기도는 하나님 앞에 맞지 않음을 알려 주세요.

② 예수님, 낮에는 밝아서 하나도 무섭지 않은데, 밤만 되면 무서워요. 낮에는 괜찮으니 밤에만 저를 지켜 주세요.

★ 어젯밤에 하나님께 기도했는데, 이렇게 기도해도 되는 건가요?

➡ 하나님은 항상 우리를 지켜주시는데 자신의 뜻대로 하는
기도는 옳지 않음을 알려 주세요.

③ 저는 기도를 할 줄 몰라서 누가 들으면 창피해요. 그래서 다른 사람들이 크게 기도할 때 그냥 웅얼웅얼하면서 기도하는 척했어요. 이것도 기도하는 거 맞죠?

➡ 웅얼웅얼 하는 기도는 맞지 않음을 알려 주세요.

질문 위의 세 가지 기도는 무엇이 잘못됐나요?

하나님께 진실하게 말하고, 하나님의 마음에 꼭 드는 그런 기도를 해야 해요. 그럼 바른 기도를 하려면 어떻게 해야 할까요? 지금부터 예수님이 가르쳐 주신 기도를 배워 보도록 해요.

1. 우리가 기도할 때 하지 말아야 할 것이 있어요. 예수님께서 기도를 잘못하고 있는 사람들에게 경고하신 것은 무엇일까요?

▶▶▶ 마태복음 6장 5절을 읽고 대답해 보세요.

대답 기도할 때 "외식하는 자와 같이 되지 말라" 즉, 이 말은 사람들에게 보이려고 하지 말고, 기도하는 것을 자랑하지 말라는 뜻이에요.

> ★ 여기서 외식이란, 가면을 쓰고 연극을 하는 것을 말해요. 자신 속에 있는 것을 감추고, 겉으로 잘 보이려는 것을 말하는 것이에요. 즉, 우리 마음 중심에 하나님을 대하는 진정한 마음이 없이 사람들에게 칭찬을 받으려고 멋진 말로 기도를 하거나, 열심히 하는 척하는 것을 말해요.

➡ 바리새인들은 일부러 하루에 3번 시간을 정해 사람들이 보는 앞에서 기도를 드렸습니다. 그 덕분에 사람들로부터는 경건한 사람들이라 칭송을 받았지만 오히려 그것으로 주님의 책망을 받게 되었습니다.

질문) 그럼 우리는 어떻게 기도를 해야 할까요?

대답 사람들에게 보이는 기도가 아닌 주님께 진정으로 기도해야 돼요. 그렇지 않으면 경건한 기도를 오염시킨 바리새인이 책망 받은 것처럼 우리도 책망 받을 거예요.

➡ 우리가 우리의 삶을 통해 주님께 책망 받는 것은 괜찮을 수 있습니다. 하지만 주님이 가르쳐 주신 경건의 삶을 오염시키는 것은 용서받지 못할 수도 있습니다(성령 훼방). 그러므로 기도로 우리가 책망 받지 않도록 정확하고 바른 기도를 해야 합니다.

2. 예수님이 기뻐하시는 기도는 어떤 걸까요? 마태복음 6장 6-7절 말씀을 읽고 대답해 보세요.

대답   1) 은밀한 기도: 오직 하나님만 생각하고 드리는 기도.
  2) 중언부언 하지 않는 기도: 마음에 없는 말을 하지 않는 기도. 습관적으로 하지 않고, 진실 되게 기도해야 돼요.

➡ 즉, 우리의 기도 습관이 마치 주님과 대화하듯 기도해야 합니다.
예) 산책하며 하는 기도도 좋습니다.

3. 우리가 진실하게 하나님의 마음에 꼭 드는 기도를 하려면 예수님이 가르쳐 주신 주기도를 잘 알아야 해요. 기도의 모범인 주기도문을 적어 보세요.

(마태복음 6장 9-13절)

4. 예수님이 가르쳐 주신 기도의 내용 중 하나님의 영광을 위해 먼저 구해야
   할 세 가지는 무엇인가요?

   ❶ ▶▶▶ (하나님의 나라   )를 위해 구하는 기도 (마태복음 6:10절 앞)

   ❷ ▶▶▶ (하나님의 뜻   )이 이루어지기를 원하는 기도 (10절 뒤)

   ❸ ▶▶▶ (하나님의 거룩   )을 구하는 기도 (9절)

   질문) 왜 하나님의 영광이 이루어지기를 원하는 기도가 우리가 필요한 것을
   구하는 기도보다 앞서야 할까요? 마태복음 6장 33절을 읽고 대답해 보
   세요.

   대답 "그의 나라와 의를 구하라."
   기도의 우선순위이며, 우리가 먼저 하나님의 영광을 구하는 기도
   를 하면 우리의 필요까지 모두 채워지기 때문에 앞서서 기도해야 돼요.

   ➲ 또한 하나님께서 그렇게 기도하라고 우선순위를 두셨어요. 우리의 필요
   가 간절할수록 이렇게 기도히기기 어렵지만 그렇게 기도하면 실제 기도를
   통해서 하나님의 영광이 나타나고, 응답이 이루어집니다.

5. 그 다음으로 우리의 필요를 위해 구해야 할 것 네 가지는 무엇인가요?

   ❶ ▶▶▶ (일용할 양식   )을 구하는 기도 (11절)

❷ ▶▶▶ (죄)를 용서해 달라는 기도 (12절)

❸ ▶▶▶ (시험)에 들지 않게 도와 달라는 기도 (13절)

❹ ▶▶▶ (악)에서 구해 달라는 기도 (13절)

6. 여러분이 가장 중요하게 기도하는 제목은 무엇인가요? 또한 예수님이 가
   장 중요하게 여기시는 기도 순서는 무엇인가요?

▶▶▶ 내가 관심 두는 기도 제목들

 나에게 필요한 것

▶▶▶ 예수님이 관심 두는 기도 제목들

 하나님 나라, 하나님의 뜻, 영적 전쟁에서 승리, 죄 용서, 회개

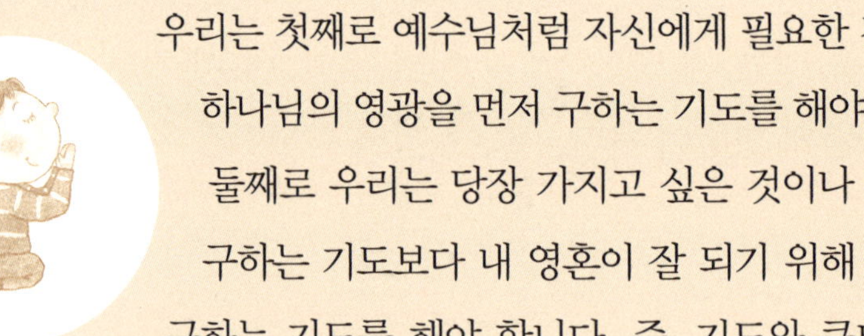

우리는 첫째로 예수님처럼 자신에게 필요한 것이 아니라, 하나님의 영광을 먼저 구하는 기도를 해야 합니다.

둘째로 우리는 당장 가지고 싶은 것이나 필요한 것을 구하는 기도보다 내 영혼이 잘 되기 위해 필요한 것을 구하는 기도를 해야 합니다. 즉, 기도와 큐티를 잘하고, 평안한 마음을 달라고 기도로 먼저 구해야 합니다. 그러면 하나님께서 여러분에게 최고의 선물을 주실 거예요.

예수님이 가르쳐 주신 기도(주기도문)에서 하나님의 영광을 위해 먼저 구해야 할 것 세 가지는 무엇이었나요?

> **첫 번째** 하나님의 나라를 위해 구하는 기도입니다. 이것은 나의 생활 전부를 하나님께서 다스린다는 것을 말하는 거예요.
>
> **두 번째** 하나님의 뜻이 이루어지기를 원하는 기도입니다. 이것은 우리가 하나님의 말씀에 순종하며 거룩하게 되는 것을 말하는 거예요.
>
> **세 번째** 하나님의 거룩을 구하는 기도입니다. 이것은 우리와 구별되어 하나님의 이름이 높여지기를 기도하는 거예요.

우리의 필요를 위해 그 다음으로 구해야 할 것 네 가지는 무엇인가요?

> **첫 번째** 일용할 양식을 구하는 기도입니다. 이것은 우리에게 필요한 것을 매일 하나님께 구하는 것을 말합니다.
>
> **두 번째** 죄를 용서해 달라는 기도입니다. 이것은 우리가 날마다 짓는 죄에 대해 용서를 구하는 회개의 기도입니다.
>
> **세 번째** 시험에 들지 않게 도와 달라고 하는 기도입니다. 이것은 마귀의 유혹에 끌리거나 흔들리지 않게 해달라는 기도입니다.
>
> **네 번째** 악에서 구해 달라는 기도입니다. 이것은 마귀의 세력에서 우리를 보호하시고 영적 싸움에서 승리하게 해달라는 기도입니다.

이렇게 우리는 날마다 바른 기도를 해야 합니다. 그래서 기도로 하나님께 영광을 돌리며, 기도를 통해서 자신이 원하는 것을 이루는 어린이가 되어야 합니다.

어	어린이가
매	매일 성경 보고
매	매일 작은 제자로
기	기도하되 바르게 기도하는
어	어린이

●생활 속에 실천해요.

● 선생님들께서 먼저 주기도문식의 바른 기도를 잘 알려 주시고, 주중 전화심방을 통해 다시 한 번 기도하고 확인해 주세요.

지금까지의 나의 기도 생활에 어떤 문제점이 있었는지 기록하고, 한 주간 동안 예수님처럼 기도해 보세요. 자신의 기도가 예전과 어떻게 달라졌는지 기도문을 기록해 오세요. 또한 부모님 앞에서 자신 있게 예수님처럼 기도하고, 부모님의 평가를 적어 오세요.

★ 부모님의 기도 평가

요일	기도문 작성	부모님 확인
월		

요일	기도문 작성	부모님 확인
화		
수		
목		
금		

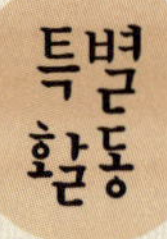

★ 주기도문 ★

하늘에 계신 우리 아버지여

이름이 거룩히 여김을 받으시오며

나라가 임하시오며

뜻이 하늘에서 이루어진 것 같이

땅에서도 이루어지이다.

오늘 우리에게 일용할 양식을 주시옵고

우리가 우리에게

죄 지은 자를 사하여 준 것 같이

우리 죄를 사하여 주시옵고,

우리를 시험에 들게 하지 마시옵고,

다만 악에서 구하시옵소서.

나라와 권세와 영광이

아버지께 영원히 있사옵나이다. 아멘.

(마태복음 6장 9~13절)

응답 받는 기도할래요

· 목표 ·

기도의 목표는 응답이에요. 어떻게 기도해야 응답을 받을 수 있는지 살펴보고, 기도의 응답을 많이 받는 어린이가 되어요.

· 요절 말씀 ·

"너희가 내 안에 거하고 내 말이 너희 안에 거하면 무엇이든지 원하는 대로 구하라 그리하면 이루리라." ● 요한복음 15장 7절

◉ 하나님께서 누구의 기도에 응답해 주실까요?

1)  예수님을 믿지 않는 사람 : 오 하느님, 제가 부자가 되어 잘 먹고 잘 살게 도와주세요.

2)  스님 : 부처님, 내가 불공을 잘 드리고, 건강하게 절에서 잘 살 수 있게 도와주세요.

3)  무당 : 사바 사바 휙~! 귀신은 물러가라! 오 하늘에 계신 천지신명이여, 내가 많은 저주를 물리치는 천하무적 무당이 되게 하소서! 휙~!

4)  예수님을 믿는 사람 : 하나님, 제 친구가 교회가 다니지 않습니다. 사랑하는 친구가 저와 함께 교회에 나와 예수님을 믿을 수 있도록 도와주세요.

> **질문** 여러분, 하나님께서는 어떤 사람의 기도에 응답해 주실까요?
>
> ➡ 기도하는 궁극적인 목적은 바로 응답입니다. 바르게 기도했다면 이제 어떻게 응답 받는지 질문을 통해 살펴보고, 실제로 응답 받는 기도가 될 수 있게 인도해 주세요.
>
> 그래요. 바로 예수님을 믿는 사람의 기도를 들어 주세요. 왜냐하면 예수님을 믿는 사람은 하나님의 자녀이기 때문에 그 기도가 응답되는 거예요. 구체적으로 응답 받는 기도를 하려면 어떻게 해야 할까요? 지금부터 응답 받는 기도에 대해서 배워 보도록 합시다.

1. 예수님이 기도 응답에 대해서 어떻게 말씀하고 계시는지, 마태복음 7장 7-8절을 적어 보세요.

대답 "구하는 이마다 받을 것이요 찾는 이는 찾아낼 것이요 두드리는 이에게는 열릴 것이니라."

2. 우리가 기도하면서 구하고, 찾고, 두드리면 하나님 아버지께서 꼭 선하게 응답해 주세요. 왜 그렇게 좋은 응답을 주실까요? 마태복음 7장 9절-11절을 읽고 대답해 보세요.

질문1) 여러분 중에 아들이 아빠에게 떡을 달라고 하는데 돌을 주는 아빠를 보았나요? 여러분의 아빠는 떡을 달라고 하면 무엇을 주시나요?

대답 그래요. 우리가 아버지께 먹을 것을 달라고 말하면 아버지는 우리에게 먹을 것을 주세요.

질문2) 여러분 중에 아빠에게 잘못을 했어도 자식이 생선을 달라고 하는데 독이 있는 뱀을 주는 아빠를 본 적이 있나요?

 독이 있는 뱀을 주는 아빠는 없어요. 아무리 아들이 잘못했어도 아빠는 아들에게 좋은 것을 주시는 분이세요.

질문3) 하나님은 여러분의 아버지인가요? 아버지인 하나님께 우리가 무언가를 구한다면, 하나님은 선하게 응답해 주실까요?

 그래요. 하나님은 우리의 아버지이시기에 우리의 기도에 선하게 응답해 주세요.

➡ 육신의 아버지도 선한 것으로 주거늘 하물며 하늘의 하나님은 반드시 선한 것으로 주세요. 그러므로 우리는 선하고 좋은 것으로 응답해 주시는 하나님께 열심히 기도해야 돼요.

3. 우리가 기도를 할 때 응답이 되지 않는 것은 무엇 때문일까요? 다음의 말씀을 살펴보세요.

1) 마태복음 6장 14-15절

예) 친구와 싸우다 맞았어요. 화가 나서 친구를 똑같이 때리겠다고 장난감 칼을 사달라고 한다면 아빠가 사 줄까요?

 "너희가 사람의 잘못을 용서하지 아니하면 너희 아버지께서도 너희 잘못을 용서하지 아니하시리라"(15절).

➡ 방해물: 다른 사람의 잘못을 용서하지 못하는 마음. 여기서 다른 사람이란 친척뿐 아니라 믿음의 형제자매 모두를 의미합니다.

2) 야고보서 1장 6-7절

예) 아빠가 사랑하는 자녀에게 생일 선물을 사 주기로 약속했어요. 그런데 그 자녀는 아빠를 믿지 못하고 의심하며 "아빠! 정말 선물 사 주시는 것 맞아요? 아빠를 믿지 못하겠어요!"라고 말한다면 아빠가 선물을 사 주고 싶을까요?

대답 "무엇이든지 기도하고 구하는 것은 받은 줄로 믿으라 그리하면 그대로 되리니 의심하는 자는…무엇이든지 주께 얻기를 생각하지 말라."

➡ 방해물: 의심하는 마음 = 믿음 없는 마음

3) 야고보서 4장 3절

예) 새 크레파스를 사서 자랑하려고 학교에 가져 갔더니, 내 짝은 나보다 더 크고 멋진 크레파스를 가져왔어요. 친구의 크레파스를 부러워하는 친구들 때문에 자존심이 상하고 속이 상했어요. 그래서 내 크레파스를 다 망가뜨리고 더 좋은 크레파스를 사 달라고 하면 아빠가 사 주실까요?

대답 "구하여도 받지 못함은 정욕으로 쓰려고 잘못 구하기 때문이라."

➡ 방해물: 자신의 정욕과 욕망의 동기

질문) 이와 같은 기도의 응답을 받을 수 없게 방해하는 것들 중에 가장 큰 방해물은 무엇인가요?

대답 이외의 방해하는 요소들…

❶ 하나님에 대한 무관심 – 기도조차 안 하는 태도예요.

❷ 교만 – 하나님이 가장 싫어하는 마음이에요.

❸ 자격 조건이 안 되는 미성숙함(기다림) – 너무 어려서 줄 수 없어요. 운전 면허도 따지 못할 나이에 자동차를 달라고 하면 들어주시지 않아요.

❹ 배신할 위험, 즉 하나님을 떠나가거나 위험한 일을 위해 기도할 때(거절) – 기도의 응답으로 하나님을 떠나가거나 위험한 일이 일어날 것 같으면 하나님께서 들어주시지 않으세요.

4. 어떻게 기도해야 하나님께 빨리 기도 응답을 받을 수 있을까요? 모세의 기도를 통해 살펴보아요.

질문 1) 하나님은 왜 이스라엘 백성에게 화를 내시며, 그 백성을 멸망시키려고 하셨나요? 출애굽기 32장 8절을 읽고 대답해 보세요.

대답 하나님의 말씀을 떠나 자기를 위하여 금송아지 우상을 만들었기 때문이에요.

질문2) 모세는 멸망 당할 이스라엘 백성들을 위해 어떻게 기도했나요? 출애굽기 32장 11–13절을 읽고 대답해 보세요. 특별히 13절은 누가 누구에게 한 약속의 말씀인가요?

대답 죄 지은 이스라엘 백성들을 용서해 주시되 하나님이 아브라함, 이삭, 야곱에게 하신 약속의 말씀을 기억하사 용서해 달라고 기도했어요.

질문3) 하나님께서는 얼마나 빠르게 기도에 응답해 주셨나요?

 하나님은 즉각적으로 화를 푸시고, 모세의 기도에 응답해 주셨어요.

질문4) 왜 하나님은 약속의 말씀을 붙들고 기도하면 빨리 응답해 주실까요?

 하나님은 반드시 약속을 지키시는 신실한 분이시기 때문이에요.

◑ 선생님의 자녀가 지나친 요구를 했음에도 불구하고 부모로서 꼭 들어 주어야 하는 경우는 언제 인가요? 아마도 부모로서 자녀에게 무언가 약속했을 때가 아니었나요.

질문5) 여러분은 어떤 약속의 말씀을 가지고 기도해 보았나요? 오늘 주신 큐티 말씀은 무엇인가요? 그것을 놓고 기도해 보았나요?

신속한 기도 응답의 비결은 바로 말씀으로 기도하는 것입니다. 특별히 오늘 주신 큐티 말씀을 가지고 기도하면 하나님은 곧 바로 들어 주십니다. 하나님께서 하신 약속의 말씀을 기억하며 기도하면 반드시 그 기도를 들어 주십니다.

◑ 환난과 고난이 올 때 선생님들은 주로 어떤 말씀을 들고 나아가 기도하시나요? 시편 34편에는 이런 말씀이 있어요.

❶ 6절 "부르짖으매… 모든 환난에서 구원하셨도다."

❷ 10절 "여호와를 찾는 자는 모든 좋은 것에 부족함이 없으리로다."

❸ 18절 "여호와는 마음이 상한 자를 가까이 하시고 충심으로 통회하는 자를 구원하시는도다."

➡ 약속의 말씀을 붙들고 기도하기 위해서 우리에게 필요한 것은 무엇인가요? 큐티와 설교 말씀입니다. 즉 큐티와 설교 말씀을 묵상하고 실천하면서 기도합시다.

오랜 시간이 걸리는 응답

➡ 기도 응답이란 눈을 뜨자마자 금방 손안에 쥐어 지는 그런 것이 아니에요. 물론 응답이 한두 시간 안에 올 때도 있어요. 그러나 대부분의 기도 응답은 낙심하지 않고 오랜 시간을 거치면서 찾아와요. 오랜 기도 후에 받은 응답 하나를 소개해 주세요. 성경의 예를 들어 설명해도 좋습니다.
❶ 창세기 28:20-31:13 – 벧엘로 돌아가기까지의 응답이 20년 걸렸어요.
❷ 아브라함의 후손 : 75세-99세 거의 25년 걸렸어요.
❸ 노아 : 방주 짓는 것은 100년 걸렸어요.

➡ 하나님은 왜 어떤 것은 이렇게 오랜 시간이 지난 후에야 응답하실까요?
❶ 나의 인생 가운데 최선의 시간에 응답하시기 위해서
❷ 나를 훈련시키기 위해서
❸ 응답 받은 만한 준비를 시키는 신앙의 성숙을 위하여

➡ 그래도 응답이 없다면 어떻게 해야 할까요? 지금, 계속 기도해야 합니다.

◐ 아이들의 기도생활을 친구들과 비교하면서 고쳐야 할 것이 없는지 살펴
주세요.

❶ 구체적으로 기도하고 있나요?

❷ 설교 말씀이나 큐티 등 약속의 말씀을 붙들고 기도하고 있나요?

❸ 기도의 목적이 하나님의 영광과 영적 필요를 위한 것인가요?

❹ 기도 내용의 우선순위가 명확한가요? 하나님의 영광, 회개, 공동체간
구, 헌신 등.

❺ 우선적이며 규칙적으로 기도하나요?

❻ 골방기도를 실천하고 있나요?

❼ 중언부언하며 기도하고 있지 않나요?

이제 우리는 무엇을 어떻게 기도해야 하는지, 기도 응답을 받으려면 어떻
게 해야 하는지도 확실히 배웠습니다. 하지만 중요한 것은 실제로 기도의
자리로 나가는 거예요. 기도 응답의 확신을 가지며, 하나님의 자녀로서 특
권을 가지고, 응답의 방해물을 과감히 없애고, 신속한 응답을 기대하며, 말
씀 들고, 기도의 자리로 나가야 해요. 이제 잘못된 기도 습관을 바꾸고, 온
전한 기도로 하나님께 영광을 돌리는 선생님이 되길 소망합니다.

우리가 하나님께 기도의 응답을 확실히 받기 위해서는 하지 말아야 할 것이 있어요.

> **첫째** 친구의 잘못을 용서하고 미워하지 않아야 해요.
> **둘째** 하나님을 의심하며 믿음이 흔들리면 안 돼요.
> **셋째** 자기 욕심을 위해서 기도하면 안 돼요.

그리고 우리가 하나님께 가장 빨리 응답 받기 위해서 해야 할 것이 있어요. 바로 하나님이 하신 약속의 말씀을 기억하면서, 그 말씀대로 기도하는 거예요. 왜냐하면, 하나님은 자신이 한 말씀을 반드시 지키시는 신실한 분이시기 때문이에요. 신속한 기도 응답의 비결은 바로 말씀을 가지고 기도하는 거에요. 특별히 오늘 주신 큐티 말씀을 가지고 기도하면 하나님은 곧바로 들어 주세요. 날마다 말씀을 읽고, 그 말씀대로 기도하여 놀랍게 응답 받는 어.매.매.기.어 친구들이 되세요.

어 어린이가
매 매일 성경 보고
매 매일 약속의 말씀으로
기 기도하는
어 어린이

● 특별활동을 통해 자신에게 가장 와 닿은 말씀을 이번 주 나의 약속의 말씀으로 생각하고, 기도하여 응답된 것을 적어 오게 해도 됩니다.

이번 한 주 동안 큐티 말씀, 혹은 1권 6과에서 나오는 약속의 말씀대로 기도해서 어떤 경험을 하게 되었는지 적어 보세요.

요일	오늘 주신 말씀	기도의 응답
예) 월요일 오후 5시	빌립보서 4장 13절 내게 능력 주시는 자 안에서 내가 모든 것을 할 수 있느니라.	오늘 시험을 볼 때 두려워했으나 이 말씀으로 기도하여 자신있게 시험을 보았다.
월요일 (오전/오후) 시		
화요일 (오전/오후) 시		
수요일 (오전/오후) 시		
목요일 (오전/오후) 시		
금요일 (오전/오후) 시		

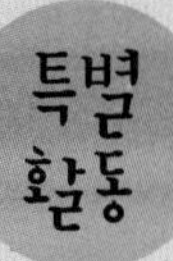

특별
활동

약속의 말씀 가지고 기도하기

➲ 아이들이 말씀을 가지고 기도할 수 있도록 함께 나누고, 그 말씀대로 축복하며 기도해 주세요.

★ 약속의 말씀 보기

빌립보서 4장 6절 "아무 것도 염려하지 말고 다만 모든 일에 기도와 간구로, 너희 구할 것을 감사함으로 하나님께 아뢰라."

➲ 걱정이 많을 때 하나님께 기도해요.

이사야 41장 10절 "두려워하지 말라 내가 너와 함께 함이라 놀라지 말라 나는 네 하나님이 됨이라 내가 너를 굳세게 하리라 참으로 너를 도와 주리라."

➲ 두려울 때 하나님이 나와 함께하시고, 나를 도와주시는 분임을 기억하고 기도하세요.

로마서 8장 28절 "우리가 알거니와 하나님을 사랑하는 자 곧 그의 뜻대로 부르심을 입은 자들에게는 모든 것이 합력하여 선을 이루느니라."

➲ 내가 실패해도 나는 하나님을 사랑하는 자이기에 모든 것이 합력하여 선을 이루게 될 것이라는 확신을 가지고 기도하세요.

야고보서 5장 15절 "믿음의 기도는 병든 자를 구원하리니 주께서 그를 일으키시리라 혹시 죄를 범하였을지라도 사하심을 받으리라."

➲ 내가 아플 때 예수님께서 나를 낫게 하신다는 믿음으로 기도하면 낫게 해주세요.

빌립보서 4장 13절 "내게 능력 주시는 자 안에서 내가 모든 것을 할 수 있느니라."

➲ 자신감이 없고 부족하지만 내게 능력 주시는 예수님 안에서 나는 모든 것을 할 수 있다는 믿음으로 기도하세요.

시편 103편 10절   "우리의 죄를 따라 우리를 처벌하지는 아니하시며 우리의 죄악을 따라 우리에게 그대로 갚지는 아니하셨으니."

➡ 내가 죄를 지어도 하나님은 그대로 벌을 내리지 않으시고, 나를 사랑하시는 분임을 기억하고 기도하세요.

요한 3서 2절   "사랑하는 자여 네 영혼이 잘됨 같이 네가 범사에 잘되고 강건하기를 내가 간구하노라."

➡ 내가 하나님의 자녀로 영혼과 육체가 건강하고, 모든 일이 잘될 수 있게 기도하세요.

역대상 4장 10절   "주께서 내게 복을 주시려거든 나의 지역을 넓히시고, 주의 손으로 나를 도우사 나로 환난을 벗어나 내게 근심이 없게 하옵소서 하였더니 하나님이 그가 구하는 것을 허락하셨더라."

➡ 하나님께 복 주시기를 기도하면 하나님은 그 기도에 응답해 주세요.

요한복음 10장 10절   "내가 온 것은 양으로 생명을 얻게 하고 더 풍성히 얻게 하려는 것이라."

➡ 예수님은 내게 생명을 주시며, 생활을 풍성케 하시는 분이심을 믿고 기도하세요.

특별 활동을 통해 가장 와 닿은 말씀을 앞으로 일주일 동안 생활할 때 주신 약속의 말씀으로 생각하세요. 그리고 기도하고 응답된 것을 적어 보세요.

힘들어도 기도할래요

• 목표 •

기도를 열심히 했으나 계속 힘들고 어려운 일이 생긴다면 우리는 어떻게 해야 할까요? 다윗의 이야기를 통해 힘들어도 끝까지 기도해서 응답 받고, 그런 응답을 전하는 어린이가 되어요.

• 요절 말씀 •

"이 곤고한 자가 부르짖으매(기도하매) 여호와께서 들으시고 그의 모든 환난에서 구원하셨도다." ● 시편 34편 6절

◉ 힘든 일이 있을 때 여러분은 어떻게 해야 할까요?
연결해 보세요.

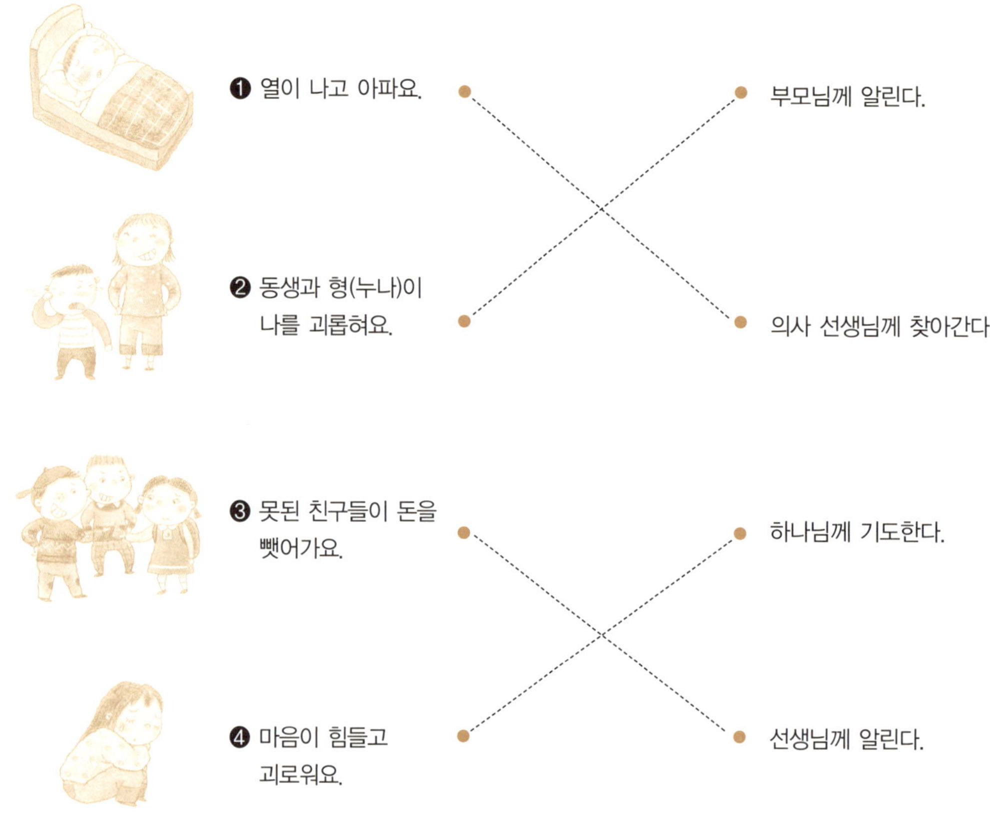

질문 이 모든 힘든 일을 해결하는 방법은 무엇일까요?

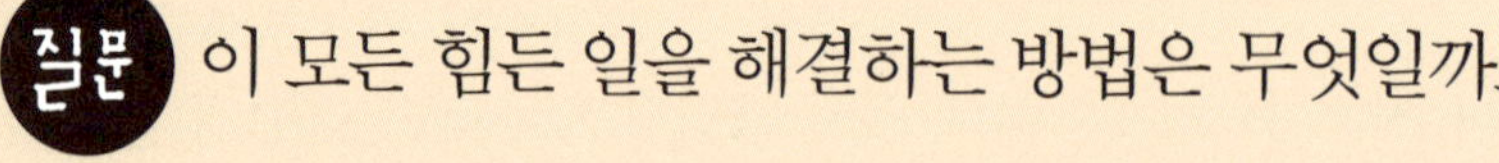

그래요. 바로 기도예요. 우리가 힘들고 어려울 때 기도하면 하나님께서 그 기도를 들어 주시고 모든 힘든 일에서 우리를 도와주셔요. 성경에서 다윗이 힘들 때 어떻게 기도하여 그 힘든 일을 이겨냈는지 지금부터 살펴봅시다.

다윗 이야기

● 시편 3편, 23편, 34편

다윗은 소년 때부터 들판에서 양을 치는 목동 생활을 했어요. 다윗은 사나운 동물들로부터 양을 지킬 때나 목동 일이 힘들 때면 늘 하나님께 기도했어요.

"여호와는 나의 목자시니 내게 부족함이 없으리로다 그가 나를 푸른 풀밭에 누이시며 쉴 만한 물가로 인도하시는 도다. 내가 사망의 음침한 골짜기로 다닐지라도 해를 두려워하지 않을 것은 주께서 나와 함께 하심이라 주의 지팡이와 막대기가 나를 안위하시나이다."

하나님께 이렇게 기도하며, 물맷돌로 곰이나 늑대를 물리치고, 양들을 보호했어요. 다윗은 기도의 힘으로 힘든 일 가운데서도 하나님의 보호 속에 있을 수 있었어요.

어느 날, 다윗은 아버지의 심부름을 갔다가 골리앗이라는 블레셋 장수를 만나게 되었어요. 골리앗이 하나님을 욕하자 다윗은 화가 났어요. 그래서 하나님의 이름으로 골리앗과 싸웠어요.

마침내 그 싸움에서 승리한

다윗은 많은 블레셋 사람들을 물리치고, 사람들로부터 칭찬을 받았어요.

"사울 왕보다 다윗이 훌륭하고 멋져요." 사람들이 다윗을 이스라엘 왕인 사울보다 더 훌륭한 사람으로 인정하자 사울 왕은 화가 났어요. 그래서 사람들을 시켜서 다윗을 죽이려고 했어요. 그러자 다윗은 사울 왕이 보낸 사람들을 피해 도망을 쳤어요. 그때부터 다윗은 너무나 힘들고 어려웠어요. 하나님을 믿고, 지금까지 기도했는데 도망자 생활을 해야 했으니까요. 그래도 하나님께 기도하며, 여러 가지 위기를 넘겼지요.

마땅히 도망갈 곳이 없던 어느 날 다윗은 블레셋 나라의 왕에게로 도망을 갔어요. 그곳에 갔을 때 블레셋 사람들이 다윗을 보고 외쳤어요.

"저 사람은 예전에 우리 블레셋 군사를 물리친 다윗이다. 저 사람을 잡아라."

그러자 다윗은 갑자기 그 자리에서 미친 사람 흉내를 냈어요. 블레셋 왕 아비멜렉이 그 모습을 보고, 미친 다윗을 그냥 쫓아내라고 했어요. 그래서 다윗은 무사히 목숨을 구할 수 있었어요. 위기를 벗어난 다윗은 고마우신 하나님께 이렇게 고백했어요.

"이 곤고한 자가 부르짖으매(기도하매) 여호와께서 들으시고 그의 모든 환난에서 구원하셨도다"(시 34:6).

다윗은 자신이 어려울 때 기도했고, 이 모든 힘든 일에서 벗어났을 때도 하나님께 감사 기도를 드렸어요.

마침내 다윗은 이스라엘 왕이 되었어요. 그러나 자신의 아들 중 압살롬이 배반을 해서 압살롬을 따르는 무리가 또 다윗 왕을 죽이려고 했지요. 다윗 왕은 할 수 없이 압살롬의 무리를 피해 예루살렘 성을 버리고, 또다시 도망자 신세가 되었어요. 그때도 다윗은 기도했어요.

"여호와여 나의 대적이 어찌 그리 많은지요 일어나 나를 치는 자가 많으니이다. 내가 나의 목소리로 여호와께 부르짖으니 그의 성산에서 응답하시는도다. 여호와여 일어나소서 나의 하나님이여 나를 구원하소서 주께서 나의 모든 원수의 뺨을 치시며 악인의 이를 꺾으셨나이다."

다윗은 간절히 하나님께 소리지르며 기도했어요. 그러자 하나님께서 들으시고, 압살롬을 따르는 무리를 물리쳐 주셔서 다시 다윗 왕은 예루살렘으로 돌아올 수 있었어요.

다윗은 힘든 일을 많이 겪었어요. 하지만 그때마다 간절히 기도해서 하나님께 응답을 받았어요. 그리하여 다윗은 평생 기도하는 사람이 되었답니다.

1. 다윗은 목동일 때 어떤 힘든 일을 겪고 있었나요?

 사나운 동물들(곰, 늑대)이 양들을 해쳤어요. 양들을 이끄는데 지치고, 힘들었어요.

2. 다윗이 목동으로서 힘들고 어려울 때 하나님께 무엇을 고백했나요? (시편 23편 4절)

"내가 사망의 음침한 골짜기로 다닐지라도 해를 두려워하지 않을 것은 주께서 나와 함께하심이라 주의 지팡이와 막대기가 나를 안위하시나이다."

질문1) 다윗이 힘든 것을 두려워하지 않는 이유는 무엇인가요?

하나님이 함께하셔서 보호해 주셨기 때문이에요.

질문2) 다윗은 어렸을 때부터 힘들고 어려운 일이 생길 때마다 어떻게 이겨냈나요?

하나님께 열심히 기도했어요.

3. 다윗이 골리앗과 싸워 승리하였을 때, 다윗은 어떤 힘든 일을 겪게 됐나요?

사람들이 다윗을 인정하자 질투심에 눈이 먼 사울 왕이 다윗을 죽이려고 사람들을 보냈고, 그로 인해 다윗은 도망자가 되어야 했어요. 블레셋 나라로 도망간 다윗은 아비멜렉 앞에서 미친 사람처럼 행동해야 했어요.

4. 다윗은 블레셋 나라에서 어려운 일을 당할 때도 기도했어요. 하나님께서는 다윗의 기도를 들으시고 다윗을 살려 주셨어요. 그때 다윗이 하나님께 감사하며 기도한 내용은 무엇인가요? (시편 34편 6절, 17절 참고)

"곤고한 자가 부르짖으매 여호와께서 들으시고 그의 모든 환난에서 구원하셨도다… 의인이 부르짖으매 여호와께서 들으시고 그들의 모든 환난에서 건지셨도다.”

5. 기도를 통해 힘든 일에서 벗어난 다윗은 하나님을 믿는 자들에게 어떻게 충고하고 있나요? (시편 34편 9–10절)

대답 “너희 성도들아 여호와를 경외하라 그를 경외하는 자에게는 부족함이 없도다 젊은 사자는 궁핍하여 주릴지라도 여호와를 찾는 자(기도하는 자)는 모든 좋은 것에 부족함이 없으리로다.”

6. 드디어 왕이 되었을 때, 다윗은 어떤 힘든 일을 당하게 됐나요?

대답 자신의 아들 압살롬과 그의 무리들이 다윗 왕을 죽이려고 했어요.

7. 그때 다윗 왕이 하나님께 기도한 내용은 무엇인가요? 시편 3편 1절, 4절, 7절의 내용을 적어 보세요.

대답 “여호와여 나의 대적이 어찌 그리 많은지요 일어나 나를 치는 자가 많으니이다… 내가 나의 목소리로 여호와께 부르짖으니 그의 성산에서 응답하시는도다… 여호와여 일어나소서 나의 하나님이여 나를 구원하소서.”

8. 다윗 왕이 아들 압살롬과 그의 무리들로 인해 힘들 때 열심히 기도하자 하
   나님께서 어떻게 응답해 주셨나요?

> **대답** 하나님께서 다윗의 기도를 들어 주셨어요. 다윗을 도와 압살롬을
> 따르는 무리들을 물리치게 하시고, 다시 예루살렘으로 돌아올 수
> 있게 하셨어요.

9. 여러분은 최근에 어떤 힘든 일을 겪었나요?

> **대답** 선생님의 최근 힘든 상황 속에 기도한 간증이 있으시면 나누어 주
> 세요.

10. 여러분은 힘들고 어려울 때 다윗처럼 기도할 건가요? 그럼 어떻게 기도할
    지 여러분의 기도문을 적어 보세요.

11. 여러분도 다윗처럼 힘들 때 기도해야 한다는 것을 다른 사람들에게 전해
    주어야 해요. 누구에게 어떤 말로 전할지 써 보세요.

> **대답** 이제 여러분이 다른 사람들도 기도하게 하는 기도의 어린이가 되
> 세요. 기도에 대해서 배운 것을 주변의 믿는 친구들과 가족들에게
> 전하는 작은 제자가 되도록 가르쳐 주세요.

다윗은 목동일 때 사나운 곰과 늑대가 양들을 헤치곤 해서 어려움이 많았어요.
또한 다윗이 골리앗을 물리쳤을 때는 사울 왕이 자신을 죽이려고 해서 도망다녔
어요. 블레셋 나라에서는 미친 사람처럼 지내야 했어요.
그리고 왕이 되었을 때는 아들 압살롬이 자신을 죽이려고 해서 도망쳐야 했어요.
다윗은 너무나 많은 힘든 일을 겪었지만 그때마다 기도했어요. 하나님께서는 다
윗의 기도를 매번 들어 주시고 힘든 일을 겪는 다윗을 구원해 주셨어요.
이후에 이러한 기도의 응답을 받은 다윗은 사람들에게 힘들어도, 기도의 응답이
빨리 오지 않아도 기도하라고 충고했어요.
우리 친구들도 다윗처럼 힘들어도 기도해서 응답 받고,
주변의 하나님을 믿지 않는 부모님과 친구들에게 기도
의 중요성을 알리는 기도의 어린이가 되세요.

어 　어린이가
매 　매일 성경 보고
매 　매일 힘들어도
기 　기도하는
어 　어린이

이번 주에 힘든 일을 놓고 기도해 보아요. 그리고 제자훈련이 끝날 때까지 그 응답을 기다려 보아요. 분명히 다윗처럼 하나님께서 여러분의 기도에 응답해 주시리라 믿어요. 힘들어도 다윗처럼 열심히 기도해 보세요.

힘든 일	기도한 내용	기도의 응답
예) 내 친구가 괴롭힌다.	하나님, 제 친구가 저를 괴롭혀요. 저를 괴롭히지 않게 해 주시고, 하나님 안에서 사랑하게 해 주세요.	그 친구가 나를 사랑하게 되었다.

다윗처럼 기도해요.

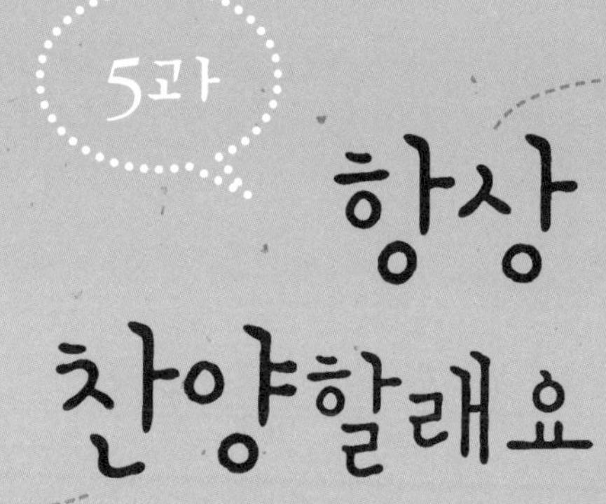

항상 찬양할래요

· 목표 ·

노래로 기도하는 것이 찬양이에요. 우리를 창조하시고, 호흡을 주신 하나님을 항상 찬양하는 어린이가 되어요.

· 요절 말씀 ·

"호흡이 있는 자마다 여호와를 찬양할지어다 할렐루야." ● 시편 150편 6절

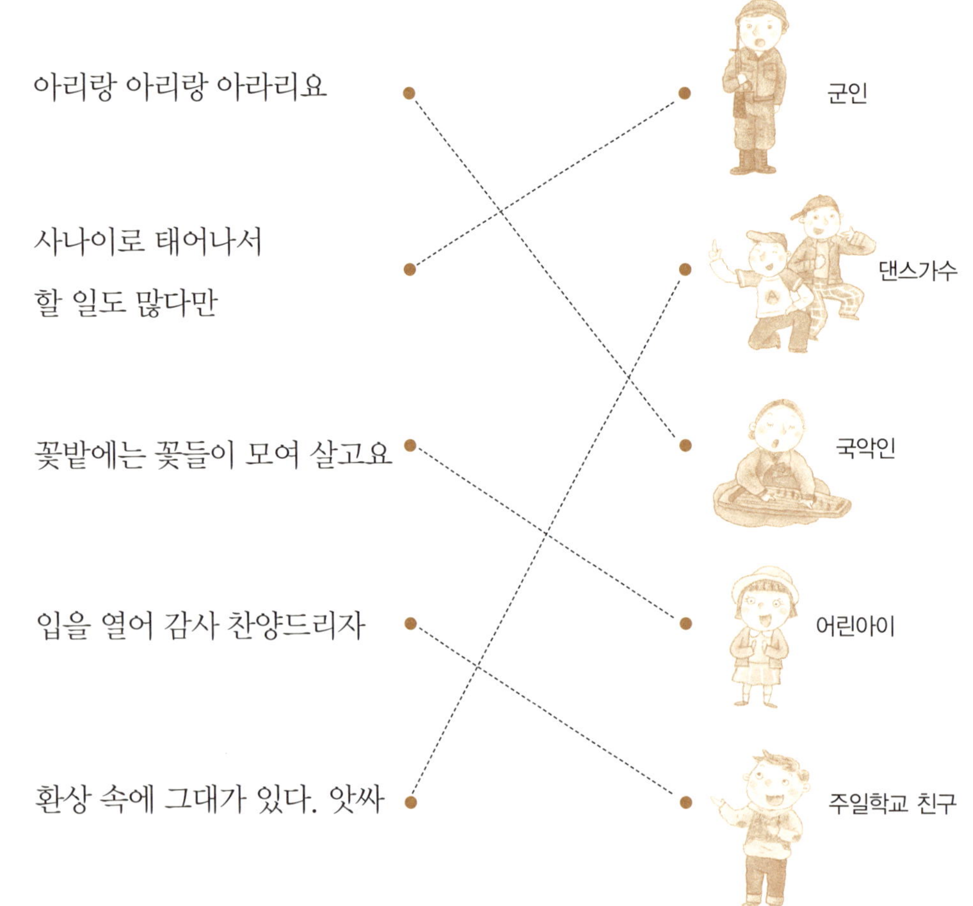
아리랑 아리랑 아라리요
사나이로 태어나서
할 일도 많다만
꽃밭에는 꽃들이 모여 살고요
입을 열어 감사 찬양드리자
환상 속에 그대가 있다. 앗싸
군인
댄스가수
국악인
어린아이
주일학교 친구

1. 찬양은 무엇일까요?

대답
1) 찬양이란 한마디로 노래로 된 기도입니다.
2) 찬양은 하나님을 자랑하고, 높이는 것입니다.
3) 하나님은 우리와 즐겁게 교제하기를 원하시는데, 찬양은 하나님과 교제
하는 좋은 방법이에요.
4) 찬양은 우리의 마음을 다해 하나님을 높여 드리는 거예요.

➡ 좁은 면에서 보면 가사와 곡을 잘 만들어 하나님께 드리는 것이며, 넓은
면에서 보면 우리의 말 한마디, 행동 하나 하나가 하나님을 찬양하는 것임
을 알려 주세요.

질문) '할렐루야'란 이떤 말일까요?

대답
하나님을 찬양하라는 뜻입니다.

2. 우리는 왜 하나님을 찬양해야 할까요? 창세기 1장 27절, 시편
148편 2-5절, 시편 150편 6절 말씀을 읽고 대답해 보세요.

 우리가 하나님의 형상대로 창조되었고(창세기 1:27), 천사와 해와 달과 별, 하늘, 물도 하나님이 만드셨고(시편 148:2-5), 하나님이 생명을 주어 호흡이 있는 자가 되었기에 여호와 하나님을 찬양해야 합니다(시편 150:6). 어린이도, 어른도, 하늘에 있는 별도, 아름다운 달도, 귀여운 아기별도, 우람한 산도, 멋있는 바다도, 하늘에 나는 새도, 바다에 있는 고기도 하나님을 찬양해야 돼요. 그것은 세상 모든 것을 하나님께서 만드셨기 때문이에요.

3. 우리는 어떠한 마음으로 찬양해야 할까요? 다음 성경 구절을 읽고 답해 보세요.

▶▶▶ 시편 7편 17절

 하나님께 감사함으로 찬양해야 해요.

▶▶▶ 시편 66편 4절

 하나님을 경배하고, 높이는 마음으로 찬양해야 해요.

▶▶▶ 시편 71편 23절

대답 마음으로 기쁘게 찬양해야 해요.

▶▶▶ 시편 96편 4절

 **대답** 최선을 다해 찬양해야 해요.

▶▶▶ 시편 108편 1절

 **대답** 마음을 다해 찬양해야 해요.

질문) 여러분은 어떤 마음으로 하나님께 찬양할 건가요?

4. 구체적으로 우리는 어떻게 하나님을 찬양할 수 있을까요? 다음 성경 구절
   을 읽고 답해 보세요.

▶▶▶ 시편 33편 2절

대답 악기로 찬양할 수 있어요.
★ 수금과 비파는 이스라엘의 현악기로 줄을 튕겨서 소리는 내는 악기에요.

▶▶▶ 시편 47편 7절

대답 지혜의 시로 찬양할 수 있어요. 여기서 지혜의 시는 하나님의 말씀
인데 하나님의 말씀을 선포하며, 그 말씀으로 찬양할 수 있어요.

▶▶▶ 시편 98편 5절

 **대답** 악기와 목소리로 찬양할 수 있어요.

 ▶▶▶ 시편 149편 3절

대답 춤추며 하나님을 찬양할 수 있어요.

5. 찬양하면 우리에게 어떤 유익이 있을까요? 사도행전 16장 25~26절을 읽고 아래 질문에 답해 보세요.

질문1) 바울과 실라 선생님이 감옥에서 찬양하자 어떤 일이 일어났나요? (26절)

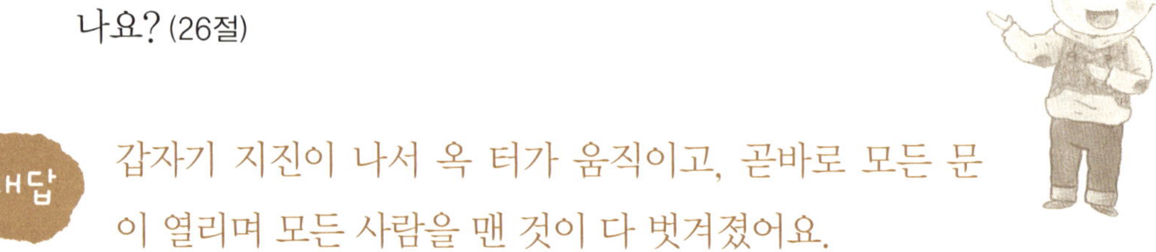

대답 갑자기 지진이 나서 옥 터가 움직이고, 곧바로 모든 문이 열리며 모든 사람을 맨 것이 다 벗겨졌어요.

질문2) 우리가 찬양하면 어떤 점이 좋을까요?

대답 우리가 찬양하면 힘이 나고, 하나님의 기적을 경험하며, 다른 사람을 전도할 수 있어요.

　　어떤 교회 선생님이 운전을 하다가 강도를 만났어요. 그 선생님은 자동차 트렁크에 갇히게 되었는데 강도들이 하는 말을 들었어요. "살려두면 경찰에 신고할 테니 죽여 버려야겠어." 선생님은 이 말을 듣고 간절히 하나님께 기도했어요. 이때 강도 중 한 사람이 자동차에 있는 카세트를 우연히 틀었는데 찬양이 흘러 나왔어요. "나 같은 죄인 살리신 주 은혜 놀라와……"

　　강도들은 조용히 그 찬양을 듣더니 차에서 내려 트렁크에 있는 선생님에게 "너를 살려 주겠다. 우리는 갈 테니 신고하지 마라" 하고 떠나갔어요.

　　선생님은 "이럴 수가! 찬양은 저런 흉악한 사람들의 마음도 변화시키는구나" 하고 생각했고, 찬양하면 기적을 경험하고 사람들을 전도할 수 있다는 사실을 알게 되었답니다.

6. 성경에서 다윗은 어떻게 찬양하는 생활을 했나요? 108편 1절과 138편 1절을 각각 적어보세요.

대답　"하나님이여 내 마음을 정하였사오니 내가 노래하며 나의 마음을 다히여 찬양하리로다"(시편 108:1).

"내가 전심으로 주께 감사하며 신들 앞에서 주께 찬송하리이다"(시편 138:1).

★ 다윗은 언제나 하나님께 진심으로 감사하며 마음을 다해 찬양했고, 또 악기를 가지고 박자와 음정을 잘 맞추어 찬양했어요. 우리도 다윗과 같이 그렇게 찬양해야 해요. 성경의 다윗처럼 날마다 찬양하는 생활을 하세요.

찬양은 노래로 된 기도이며, 하나님을 자랑하고 높이는 거예요. 우리는 하나님의 형상대로 창조되었기 때문에 호흡을 할 때마다 항상 찬양해야 돼요.

또한 우리는 하나님께 감사하는 마음으로 하나님을 높이며, 기쁘게, 온 힘을 다해서 진심으로 찬양해야 해요.

구체적으로 우리는 악기로 하나님을 찬양할 수 있고, 말씀으로 찬양할 수 있으며, 춤추며 찬양할 수 있어요. 그렇게 찬양할 때 우리는 하나님이 함께하심을 경험하고, 찬양을 통해 다른 사람에게 전도할 수 있어요. 다윗이 항상 하나님께 찬양했듯이 우리 제자반 친구들도 항상 하나님을 찬양하는 찬양의 어린이가 되세요.

어 　어린이가

매 　매일 성경 보고

매 　매일 작은 제자로

기 　기도하되 항상 찬양하는

어 　어린이

찬양한 시간	찬양 제목	찬양을 하고 난 느낌	부모님 확인
예) 월요일 　　오후5시	이길 수 있어	힘찬 찬양을 해서 힘을 얻었다.	
월요일 (오전/오후)　　시			
화요일 (오전/오후)　　시			
수요일 (오전/오후)　　시			
목요일 (오전/오후)　　시			
금요일 (오전/오후)　　시			

반별로 찬양을 정하고 찬양 대회 준비하기

춤추며 찬양할래요

· 목표 ·

최고의 찬양은 자신의 몸으로 춤추며 하는 찬양이에요. 우리를 구원하시고 놀라운 기쁨을 주신 주님을 온몸으로 춤추며 찬양하는 어린이가 되어요.

· 요절 말씀 ·

"다윗이 여호와 앞에서 힘을 다하여 춤을 추는데… 다윗과 온 이스라엘 족속이 즐거이 환호하며." ● 사무엘하 6장 14-15절

◉ 하나님을 찬양하는 춤에 대한
설명에 동그라미 해 주세요.

1) 춤을 추는 가운데 예수님을 만나요. (○)

2) 어려운 동작으로 사람들이 환호하는 춤이에요. (   )

3) 관객을 위해서 춤을 춰요. 그래서 자기만의 춤을 추고자 더 노력해요.
   (   )

4) 최고의 관객은 하나님이에요. (○)

5) 사람들을 전도하려고 춤을 춰요. (○)

6) 자신을 자랑하려고 춤을 춰요. (   )

7) 춤을 만들 때에는 가사의 의미보다 리듬을 더 중시
   해요. (   )

8) 춤을 만들 때 가사로 성경 말씀을
   전하도록 만들어요. (○)

질문 여러분, 하나님을 찬양하는 춤의 특징은 무엇인가요?

하나님을 찬양하는 춤은 자신의 기쁨과 영광과 자랑을 위해 추지 않고, 하나님을 경배하
고, 기뻐하고, 전도하기 위해서 추는 거예요. 이렇게 춤을 춘 대표적인 성경 인물은 다윗과
미리암이에요. 다윗과 미리암을 통해 어떻게 춤추며 찬양해야 하는지 살펴보아요.

다윗의 춤 이야기

● 사무엘하 6장 13절–23절

다윗 왕 시대에 하나님의 법궤는 다윗 성에 없었어요. 다윗은 이스라엘이 블레셋에 법궤를 빼앗긴 후로 법궤를 찾으려고 애를 썼어요. 왜냐하면 법궤는 하나님이 함께한 증거가 있었기에 다윗은 꼭 찾고 싶었어요.

그러다가 마침내 하나님의 법궤가 다윗의 성 앞에 도착하게 됐어요.

그러자 다윗 왕은 너무나 기뻐서 예배를 드렸어요. 그리고 자신을 왕으로 삼아 주시며, 놀라운 기쁨을 주신 하나님 앞에서 힘을 다해 춤을 추었어요.

그 모습을 본 이스라엘 백성이 모두 기뻐하며 나팔을 불고, 다윗과 함께 춤을 췄어요. 다윗은 너무나 기뻐 백성을 축복하고 잔치를 베풀었어요. 그리고 하나님 안에서 모두 기쁜 시간을 보냈어요.

그런데 이 춤추는 자리에 있지 않은 한 사람이 있었는데 그는 바로 다윗의 아내인 미갈이었어요.

미갈은 "어머, 저게 뭐야? 아니, 어떻게 왕이 저렇게 뛰놀며 춤을 출 수 있어. 어머 저기 옷도 벗겨지고, 저기 엉덩이도 보이네. 어쩌면 저렇게 어리석은 행동을 할 수 있을까? 쯧쯧."

미갈은 하나님 앞에서 춤을 추는 다윗을 업신여기며 말했어요. 그러자 다윗은 이렇게 말했어요.

"나는 하나님 앞에서 춤을 췄어요. 하나님이 나를 택하여 왕이 되게 하시며, 나에게 이런 놀라운 기쁨을 주시니 나는 춤을 출 수밖에 없어요. 나는 이보다 더 낮아져서 어린아이처럼 춤추며 하나님을 찬양할 거예요."

훗날 함께 춤추며 찬양하지 않고 다윗을 비난한 미갈은 평생 자녀가 없는 여인으로 지내게 되었고, 하나님을 기뻐하며 춤을 춘 다윗과 백성들은 놀라운 축복을 받게 되었답니다.

1. 다윗은 하나님이 함께한 증거인 법궤가 성에 오게 되자 무엇을 했나요?

 제사, 즉 예배드리고 춤추며 찬양했어요.

2. 다윗은 누구 앞에서 춤추며 찬양했나요? (사무엘하 6장 16절)

 하나님 앞에서

질문) 여러분은 예배 중에 율동하며 찬양하는 것이 하나님 앞에서 하는 것
이라고 생각했나요? 그렇게 찬양할 때 어떤 기분이 들까요?

 주변 사람들의 눈치를 보지 않고, 하나님 앞에서 마음껏 춤추며
찬양할 수 있어요.

3. 다윗은 춤을 출 때 어떻게 했나요? 그리고 우리는 어떻게 하나님을 찬양
하며 춤춰야 할까요? (사무엘하 6장 16절)

 힘을 다하여 춤추었어요. 왜냐하면 하나님을 진심으로 사랑했고,
하나님을 기뻐했기 때문이에요. 우리가 하나님
께 찬양할 때 힘을 다하여 기뻐하며 찬양해야 해요.

4. 다윗은 왜 바지가 벗겨져 아내에게 비난받을 정도로 춤을

추며 찬양했을까요? (사무엘하 6장 21절)

 **대답** 다윗은 하나님께서 자신을 선택하사 왕이 되게 하셨고, 하나님은 우리의 아버지 되시기에 어린아이처럼 춤추며 찬양했어요.

5. 다윗이 춤을 추자 이스라엘 백성들도 함께 춤추며 찬양했어요. 그러나 다윗의 아내인 미갈은 춤추며 찬양하지 않았어요. 이스라엘 백성과 미갈에게 무슨 일이 일어났을까요? (사무엘하 6장 18, 23절)

대답 이스라엘 백성들은 하나님의 이름으로 축복을 받았고, 아내 미갈은 저주를 받아 자녀를 갖지 못하게 되었어요.

6. 찬양 시간에 선생님과 찬양 팀 친구들이 율동하며 찬양할 때 여러분은 어떻게 찬양하나요? 그리고 그때 율동을 하지 않는 친구가 있다면 어떻게 할까요?

대답 다윗처럼 춤추며 찬양하여 축복 받을 건지, 아니면 전혀 춤추지 않아 축복 받지 못한 미갈처럼 될 건지 가르쳐 주세요. 함께 춤추며 찬양하는 예배자가 되게 해주세요.

미리암의 춤 이야기

● 출애굽기 15장 19~21절

홍해를 건넌 이스라엘 백성들은 물이 덮여 이집트 군대가 몰살당하는 장면을 보고 기뻐했어요. 자신들을 물에서 건지시고, 구원하신 하나님을 먼저 모세가 찬송하며 노래했어요. 그러자 누나인 미리암이 손에 악기를 들고 연주하면서 찬양했어요. 미리암은 하나님께서 자신과 자기의 민족을 구원해 주신 것이 너무나 감사했어요. 너무나 기쁜 나머지 미리암은 악기를 들고 온몸으로 춤을 추기 시작했어요. 그러자 옆에 있던 많은 여인들도 미리암을 따라 같이 춤을 추며 하나님을 찬양했어요. 자신과 이스라엘 민족을 구원하신 하나님을 온몸으로 찬양한 거예요.

1. 미리암과 주변의 여인들은 왜 찬양하다가 춤을 추었나요? 출애굽기 15장 19절을 읽고 대답해 보세요.

홍해를 지나게 하사 구원을 이루어주신 하나님께 너무나 감사하고, 기뻐서 온몸으로 찬양하게 되었어요.

2. 여러분도 미리암과 여인들처럼 구원받은 백성인가요? 그렇다면 우리가 하나님을 어떻게 찬양해야 할까요? (출애굽기 15장 19-20절)

우리를 구원하신 하나님을 찬송하되 입으로, 악기로, 온몸으로 하나님을 찬양해야 돼요. 최고의 악기인 우리의 몸으로 하나님을 춤추며 찬양해야 돼요.

다윗 왕은 하나님의 법궤가 성 앞에 도착하자 하나님 앞에 예배드렸어요. 그리고 자신을 왕으로 만드시고, 놀라운 기쁨을 주신 하나님 앞에서 힘을 다해 춤을 추었어요. 그 모습을 본 이스라엘 백성이 모두 기뻐하며 나팔을 불고, 다윗과 함께 춤을 추었어요.

그러나 다윗의 아내인 미갈은 함께 춤추지 않고, 어린아이처럼 춤추는 다윗을 비난했어요. 그러자 미갈은 저주를 받았고, 춤추며 찬양한 다윗과 그의 백성은 모두 축복을 받았어요. 우리도 찬양할 때 다윗처럼 자신의 온몸으로 어린아이같이 춤추며 찬양해야 해요. 그러면 하나님께서 놀라운 축복을 주실 거예요.

미리암은 자신을 물에서 건지시고, 구원하신 하나님을 기뻐하며, 입으로 찬양하고, 손엔 악기를 들고 연주하면서 찬양했어요. 그런데도 너무나 기쁜 나머지 자신과 이스라엘을 구원하신 하나님 앞에서 온몸으로 춤을 주며 찬양했어요. 우리도 나를 구원하신 하나님을 춤으로 찬양하며, 경배하는 어린이가 되어요.

어	어린이가
매	매일 성경 보고
매	매일 작은 제자로
기	기도하되 춤추며 찬양하는
어	어린이

춤추며 찬양한 시간	찬양 제목	춤추며 찬양을 하고 난 느낌	부모님 확인
예) 월요일 오후5시 집에서	예수님께 가는 길	예수님을 춤추며 찬양하니 너무 기쁘고, 행복했다.	
월요일 (오전/오후)　시			
화요일 (오전/오후)　시			
수요일 (오전/오후)　시			
목요일 (오전/오후)　시			
금요일 (오전/오후)　시			

반별로 율동을 정하고 율동 대회 준비하기